Poesía pasada

Poesía pasada

Daniel M. Sáez Rivera

C & F Press

Poesía pasada

First published: 2025

Published by C & F Press
Thirroul, New South Wales, Australia

ISBN: 978-1-7637918-1-7 (paperback)
ISBN: 978-1-7637918-2-4 (e-book)

Cover drawing by Rafael Segovia Winglet

Cover design by A. Herrero de Haro

A mis muertos

Para los vivos

Índice

Introducción

Esta poesía se adjetiva como pasada porque en muchos aspectos lo es, en buscada dilogía que se multiplica en sentidos hasta tornarse intencionada, calculada polisemia. Los poemas que incluye *son*, ante todo, *pasados* por su carácter pretérito, escritos hace veinte o más años, cuando su autor —esa persona en parte ajena a mí mismo— aún no cumplía los treinta, incluso los veinte, cuando ahora me alejo de los cuarenta y friso los cincuenta, y hace años que ni siquiera peino canas, porque no tengo siquiera qué peinar en la cabeza.

Los poemas *están* además *pasados*, sin poder ahorrarnos la inevitable ironía debida al distanciamiento temporal y a la lectura detenida, disfrutada, repetida, de poetas imprescindibles como Nicanor Parra o Roberto Bolaño. Y lo están porque, si bien pudieran estar sincronizadas estas poesías con la moda del momento —que también existe poética y ridícula como todas las modas cuando pasan—, ahora novomilenarmente ya no están al día de las tendencias o *trendencias* que nos poseen, y de las que muchas veces no somos ni conscientes.

Y así mismo *han pasado* estos poemas porque reflejan experiencias del autor, o responden a ellas, o las sueñan; como mucha poesía de la experiencia, esta supone muchas veces más el anhelo de vivir lo proyectado en los poemas que otra cosa.

De este modo, tras unos primeros balbuceos o unas iniciales exploraciones adolescentes (la poesía siempre nace en la adolescencia de las personas y de las naciones), encerradas en el yo y en las influencias (Juan Ramón Jiménez, Antonio Machado, Blas de Otero, el 27 entero –Lorca, Prados y Cernuda en particular y en su vena más surrealista, pero también Diego o Salinas, claro–, el Petrarquismo, el Barroco, Baudelaire, Valente o Jim Morrison, así como los inevitables hispanoamericanos –Neruda, Vallejo, Octavio Paz, Jorge Luis Borges o Gioconda Belli–), los poemas se abren más al ellos, a ella o a ellas que al nosotros, se pueblan de personas y personajes (dejo al lector el juego de adivinar cuáles son reales y cuáles imaginarios) y se tornan narrativos al modo de Cavafis, Pessoa, Rosario Castellanos, Manuel Rivas o, sobre todo, Raymond Carver.

Más allá de su posible valor, el ordenamiento cronológico permite –aparte– una lectura narrativa de mi propia vida que quizá le pudiera interesar o al menos entretener al que lea, por contener los (proto)típicos sucesos y sucesiones de todos y cada uno de nosotros: el encontronazo con el amor, la enfermedad y la muerte, que solo con seguridad iluminó al Buda y a nosotros –quizás, solo quizás– algo nos habrá útil o inútilmente instruido.

He querido rescatar estas palabras ordenadas, sentidas y contadas en sílabas o ritmadas en cadencias, sensaciones y pensamientos, por varias razones: la primera y primaria, adelantarme a mis hijas, que no tuvieran que recopilarme una vez muerto −como me vi en la obligación filial de hacerlo yo amorosa, devotamente con mi padre−, a la vez que hacer recuento e inventario vital, borrón y cuenta nueva antes de emprender renovadas aventuras de la experiencia y de la palabra, si es que acaso son discernibles que −francamente− lo dudo.

Ruego al lector, nada hipócrita, su benevolencia, empatía, sonrisa, ojalá connivencia, deseablemente convivencia.

Primeros poemas

En mi cuerpo vuelan palomas blancas
que al volar sobre la pared su sombra
arrancan bellos hechos y palabras
(de lo azul a lo gris tornan y retornan).

Mi paso gira, vuelve su mirada
en la eterna agonía de las rosas,
de rojo nardos cobran su venganza,
acompañan mudos la ruta rota.

Millares de cuerpos miran sus vidas,
celosos guardianes de su oculta alma
como aquella reja azabaches guarda.

Los mares de gente andan sin metáfora,
aislados junto a gritos grises callan,
colmados de sombra y de cenizas.

INTERSTICIOS

Quizá tu cuerpo esté lleno
de espacios, puntos y comas,
como un poema amoroso.

Quizá tu voz sea un suspiro;
tu cuerpo, miles de rosas;
tu boca, granada rota;
tu ropa censure azucenas.

Mas no quiero palabras
–por ellas nada tengo–,
ni cuerpos a las que respondan
–por ellos nada tengo–.

Quiero huir de las aristas
en un sueño de mil luces.

Los elementos

El alma es la parte más cansada del cuerpo

PAUL BOWLES

.... el don del verso,
que transforma las penas verdaderas
en una música, un rumor y un símbolo

JORGE LUIS BORGES

Hay voces libres
y hay voces con cadenas

EMILIO PRADOS

PRÓLOGO

Acaricio el lomo
erizado
de la palabra
(está agazapada
en las sombras);
tiene algo
importante que decir:
suscita
luces en la noche,
astros en el día...

LOS MITOS

Mi corazón es una sentina de serpientes,
tantas como recuerdos tuyos,
porque te pertenecen:
tú me los infliges y apuñalas.

Mi corazón es una servil manzana
de la que devoras
todo mi Bien y mi Mal
para, estéril, arrojarlo al suelo.

Mi corazón es una umbría cueva
de telarañas y desengaños
donde toda voz intensa
se ahoga en tu constante eco.

Mi corazón es una piedra que cae
y rueda de nuevo a tus abismos,
un mundo o carga a mis espaldas,
una entraña que brota, y es cortada.

Mi corazón es más tuyo que mío,
porque tú lo robas y desesperas:
tú lo arrojas a los desiertos
y lo abandonas —indefenso— al viento.

FUTURO OCASO

Mañana,
entre pastos devorados,
por las callejas del pánico.

Moriré mañana,
cuando los ríos se agotan,
cuando los hombres se agostan.

Veréis
cómo agonizantes soles
se ahogan tras las colinas
en océanos de noche.

Y no lloraréis
por mi hueco a vuestro lado,
sino por la certeza de que
mi vida nunca ha empezado.

INCERTIDUMBRE

Yo no soy yo

JRJ

Yo no soy este,
soy aquel
que camina junto a mí,
pero que no soy yo.
Porque yo no puedo ser
quien mira en los espejos,
ni aquel, que vive los días
tristes y macilentos.
Yo quiero ser...
otro,
que ríe en los páramos
y nada en las costas,
un ciudadano sin miedo
a saber la verdad
y llorar pena.
Pero debo ser
uno,
que camina junto a mí,
o que comparte mi sombra,
alguien
que, a lo mejor, soy yo.

TENTACIÓN

Siento tu pecho íntimo y reconcentrado
y el crepitar tras la tela, tus flores que estallan
en promesas, aromas...

(tus pétalos se cierran, en rosas,
cuando acerco mi mano, de noche, pausada
y cuando escucho: tu perfume helado).

Siento el frío de la playa
cuando espero el agua, de tu ola íntima
y reconcentrada, envuelta en espuma

(tu ausencia clava su filo
en mi carne, desprotegida y débil;
sal hirviente en mi herida abierta).

REQUIEM

Apenas un segundo
en el espacio,
apenas un lugar
dentro del tiempo.

¡Un grito!, ahogado,
sin nacimiento,
¡una estrella!, lejana,
que ya es silencio.

Porque somos a duras
penas, momentos,
solo instantes vividos
que ya han muerto
(las voces del reloj
repican lentos,
oscuros *De profundis*).

LA LLAMA HELADA (*ARS POETICA*)

Hay palabras, sé que existen:
son el hijo de fuego que quema mis labios,
el vaso gélido que guarda mis entrañas,
el grito atroz,
el acorde rotundo de mis lágrimas.

Hay palabras, lo sé,
no hay duda:
las palpo con mis manos en la arena
y me dan frío;
las soplo con la brasa de mi alma
y hielan mis desiertos.

Hay palabras, no es el silencio
la campana solemne,
la llama de protesta,
ni el lamento hosco de los muertos;
no es el vacío, no es eso
lo que en mi boca resuena sordo.

Es una tempestad:
palabras que son ceniza,
parajes que invade el hielo,
los pájaros de la agonía
y las mil alabardas rotas
de tanto llamar a las puertas.

LA PAUSA

S i l e n c i o.

No había certezas:
tierras desiertas,
árboles yermos,
yelmos vacíos,
almas sin protección.

Pero llegaste tú
con tu perfección blanca
y rodeé tu ser
con todos mis vacíos,
te sentí suave,
como el alba.

Silencio.

Afuera, tensado,
se halla el viento.

ECLIPSE

El eclipse nimbado
de tus ojos.
¿Por qué todo cubres
con sombrío manto?
¿Por qué todos sueñan
olvidando
el zureo de los coches
y el rugido
del terrible pájaro?
¿Por qué el sol
cierra...
sus párpados?

CLEPSIDRA

Quiero que me enseñes, lentamente,
con labios y dientes de arena,
con torsos que chocan y rompen
y lamen cual olas la orilla.

Escucha, acércate, habla:
dos seres o astros —Sol y Luna—
que son amor, en el mar tiemblan
como luz y gritos que tañen.

Deseo tu paciencia lenta,
infinita, ensanchando
espacio y tiempo, pasando
años y promesas por la piel,
este vivir dilatado, relojes de agua.

LOS ELEMENTOS

Tu presencia a mi lado
como un mar palpitante.
Asiento mis pabellones
al borde de tu abismo.
Contemplo
aquel lugar en que empiezas
y no acabas.
Acantilados abajo,
escucho el eco,
cacofónicos ladridos,
de todo aquello
que eres:
rabiosas espumas
gritando enervantes,
fragor de la tierra
nunca profanada,
relámpagos de luz
y dulce voz,
agua desatada
e incomprensible.
Ahora,
espero
el viento favorable,
el astro benigno,
para arrimar el camino...
—hacia tu encuentro—.

LA OTRA

No eres tú:
es tu cuerpo
girando,
como un arabesco,
en lo índigo;
o el perfil de tu risa
perforando
el aire y la luz;
o un fantasma,
oscuro,
que va tras de ti.

Pero no eres tú:
tú eres la mano
que horada el alma
hasta dejarla vacía;
el manto y la noche
que me cubre de frío;
la terrible diosa,
el solo silencio.

Pero no eres tú:
es una idea remota
como el vuelo de un pájaro,
un barco alejándose
en brazos del mar,
nube fugitiva
en horizonte confuso.

TIENES UNA EXTRAÑA FORMA

Tienes una extraña forma
de decirme te quiero.

Así me convocas, con cráteres
de suave lava vencida,
y me acerco, lento, rendido...;
pero repentina, feroz y frágil,
como un tigre de afiladas heridas,
vienes con un tarro de lágrimas
rotas bajo el brazo.

Tienes una extraña forma
de decirme te quiero.

Pues yo era el labrador de las sombras
en oscuros prados yermos,
y te vi
surgir como un astro,
alzarte
como ave de luz,
brillar, sonreír, como una estrella:
y corté las rosas de mis suspiros
para ti;
pero marchaste (y volviste)
en inesperada órbita.

Tenías una extraña forma
de decirme te quiero.

Ahora, mientras desabrocho tu piel,
mientras palpo tu alma
deslumbrante como la nieve,
descubro inesperados abismos,
y tus sueños asustados, débiles,
como un niño en la guerra...

Y entonces comprendo:
la extraña forma que tienes
de decirme te quiero.

HOMENAJE

Palabras duras y eternas,
como cortadas al tiempo.
Palabras orgullo y piedra,
semilla arrojada al cielo
o nube fértil en tierra.

Palabras de ahora y siempre,
o futuro germinante;
abrazo enorme a la gente,
lucha de tiempo e instante
para alertar a los hombres.

Palabra clamando a Dios,
paz en la boca del pueblo
y fiero anhelo de amor;
libertad bajo palabra
eres tú, gran Blas de Otero.

PROVERBIOS, PROFECÍAS E INTUICIONES

Silencio. Escucha
(detrás del muro):
la Otra Voz.

* * *

El desierto, como la tristeza,
avanza lenta,
pero progresivamente.

* * *

La poesía es el lugar
donde se alía
la emoción
y la idea.

* * *

Golpeando el yunque de la palabra,
a veces saltan
brillantes esquirlas llamadas
metáforas.

* * *

Acerco mi oído
a tu pecho,
y escucho:
el reloj de tu sangre.

* * *

(LA MANO EN EL FUEGO)
Así pues, juro mi amor:
pondría la mano en el fuego
–pondría la mano en tu cuerpo–.

* * *

Escudriño tu alma
a través de intersticios
llamados palabras.

* * *

(MALA HIERBA)

Las palabras verdaderas no son agradables
LAO-TSE

Siembra odio
y obtendrás odio.
Siembra amor
y obtendrás odio.
¡La tierra es fértil,
el mercado es libre
y hay odio
suficiente
para todos!

HUMDRUM

Y así, sin comerlo
ni vivirlo, va
y morimos,
arropados
en cómodos visones
de rutina,
y todo porque temimos
alzarnos
como estrellas en la noche,
sondar
la profundidad de un cuerpo,
seguir
frescas voces en lo oscuro...

PROGRESIVO

Poco a poco, contemplo
caer
lágrimas de la clepsidra.
Poco a poco, tu cuerpo
ajándose
sin la juventud del agua.
Poco a poco, el alma
en roturación, la esperanza
en barbecho.
Poco a poco, recuerdos
limándolos
el olvido, como el viento
a una colina.
Poco a poco, observo
qué poco
tiempo ya solo nos queda.

AMOR INSTANTÁNEO

El amor es instante,
rosas repentinas del alma,
deseo electrizante
curvando
dos cuerpos de agua.

El amor es instante,
pues más allá...,
la tristeza corrosiva del tiempo,
sinceras mentiras de humo,
que desvanece el viento,
la tremenda amargura
de la derrota, el silencio.

DE RERUM SIMPLICITATE

Simplemente,
ser.
Sentir
  el sol
en mi mejilla,
pasar las horas
mesándote el alma,
y escuchar...
la brisa de tu voz
en mi oído.

Simplemente,
ser;
ser
simplemente.
Por ejemplo,
reconocer
el gesto habitual
de un amigo
y, de pronto,
recordar...
("hombres, hermanos:
todos somos cuerpos
de una misma alma"),
y sentir
la brasa interna
que trae
el sol verdadero del alba...,
... y simplemente

ser (ser,
simplemente),
y, de pronto,
comprender
la compleja sencillez que rige
las cosas de este mundo.

MEMORIAL DEL OLVIDO

y tantas cosas que quiero olvidar
PABLO NERUDA

I

Mi profesión consiste en el olvido,
olvido de las horas y las penas,
recuerdo de la sima y el vacío,
labor ardiente, furia tan secreta.

La tierra, cielo roto, que no es mía
—lo que de la remembranza despido—:
sus almas anegadas en sequía,
mi cuerpo vagabundo sin destino.

El paseo de los muebles rechazados,
caracolas en las que canta el tráfico,
el campo árido de surcos llagado;

también eso, arrojo a la corriente
sucia, la llama purificadora
del olvido, que es mi alma redentora.

II

Si entráis en mi memoria...:
solo
blancas paredes,
urnas vacías,

y una palabra abierta
de brazos
para recibiros...
Pues así es,
hermanos:
solo
recuerdo
Nada.

FAREWELL

Perros equivocados y manzanas mordidas

Federico García Lorca

Era mi tristeza lágrima
y el dolor la semilla amarga
que se guarda en ella;
y era un fruto del alma
o una estrella de mis ojos prendida:
era un destello limpio
de antigua y rota inocencia.

Porque es tan duro averiguar...
que la vida ya no es río,
solo un tren que no para,
sino en las derruidas estaciones;
que los ciegos, tan fieles, nubarrones
son perros de tristeza en el cielo,
que el corazón de cristal
tiene el destino de los vertederos.

Cuaderno poético

CONVERSACIONES DE HUMO

Conversaciones de humo,
leves arquitecturas grises
en el aire,
se forman y disforman
momentáneas volutas jónicas,
sostenidas
sobre cambiantes hilos de humo,
o columnas
que soportan
filiformes hojas de acanto
que se rizan y desrizan
en complicadas filigranas
de humo
que destruir puede inútilmente
(en un momento)
un manotazo.

Conversaciones de humo,
y la música es un colchón
en el que se atenúan las palabras,
en un golpe seco,
al caer desde el labio,
inertes,
y las palabras, como un vicio ridículo,
el del humo,
se trenzan y destrenzan
en monólogos, diálogos, polifonías
confusas y vacías
como un laberinto sin centro,

por el mero placer de perseguirse sin objeto,
de buscar la falsa impresión
de que son un abrazo,
y aunque muchas veces un abrazo no se sienta
como un verdadero abrazo,
espesa frazada contra el frío de la vida,
mientras el humo construye
vaporosos esqueletos inasibles:
en los que la carne del aire
media entre la carne de las palabras
y la carne de las personas,
las cuales desearían levantarse,
conocerse sobre la mesa,
desnudos hasta la humillante
imperfección del cuerpo,
pero un cuerpo, al menos un cuerpo,
cuando el alma trata de sintetizar el humo,
decantar el sueño en realidad acariciable,

mientras el humo es el ángel
que escapa de la ceniza,
la ceniza que se desprende de la vida
consumida en los labios del deseo,
de la esperanza, sueño, desesperanza,
y aunque tenga un desagradable sabor rancio,
amargo a veces hasta la náusea,
pocas suave, como hierba prohibida,
pero vida, al menos vida, vida...

ENEAS CONTEMPLA EL FIN DE LA GUERRA DEL LACIO DESDE UNA COLINA (HEXÁMETROS)

A Vicente Cristóbal

"Alto veo el yermo campo de flores tronchadas,
cuerpos amigos del teucro pueblo, enemigos cuerpos
(rútula es la estirpe vuestra): funesta Semilla.
Pío me llaman, y padre, mas yo sin padre, y lloro.
¿Cómo la Guerra, el amor superar, intacto y cansado,
                                                    [pude?
Blando aún en mis manos el arma que muñe la
                                                    [Muerte.
Brilla el férreo pecho aún, aunque sucio y sangriento.
Cae el penacho marchito, marchito mi brazo descansa.
Varias partes del alma mía el Tártaro pueblan:
¡oh, Anquises anciano!, ¡oh, inexperto Palante!
Mares hondos, extensas llanuras he fatigado.
Hijo fiel del destino, siervo fiel de los dioses
siempre fui, ¿para qué, si ahora, pobre, me falta
propio níveo cuerpo que amar en la negra noche,
propia vida por mí elegida, que no por los hados
(soy tu esclavo, designio arcano: origen de pueblos)?"
Sigue, paciente Eneas, tu vía por dioses marcada;
tú, cansino rey, promesa eres de Roma.

VÉRTIGO DE LA PALABRA Y DEL TIEMPO

Los años pasarán y estas palabras
que no son sino el suave,
sigiloso susurro de un amigo,
palabras que son rama
del frondosísimo árbol del lenguaje,
aquel que nos asombra
con su cotidiano uso germinante...
serán misterio y enigma,
sabiduría arcana del idioma
lejano de hace siglos,
antiguo como piedras.
Y habrá venideras generaciones
que se preguntarán
si ya distantes hombres
reían y lloraban,
o agonizaban lentamente solos,
cual pálidas estrellas,
si vivían y amaban
con misma intensidad
y tamaño fracaso,
si eran ellos también burla del tiempo,
desesperados náufragos del mundo,
o, si acaso, como es más que probable
poseían las claves
y eran parte del Dios,
pues nada hay más posible,
si hablaban una lengua
tan bella, tan extraña.

LA SEMILLA

De mi pecho he arrancado
un corazón de luz
y lo he plantado en el poema,
aquí lo he traído,
las cartas sobre la mesa.

Ciega la vista,
si lo miras;
corre el silencio,
si lo escuchas;
si lo pruebas,
sabe a amargura.

REPRESENTACIÓN

El poema pretende
comprender el universo,
devenir en su espejo y cifra:
ser su reflejo.
Pero no hay espejo tan grande
que lo abarque, por otro lado infinito,
ni mundo tan pequeño
que quepa en un espejo,
pues nada hay tan ínfimo.
Por ello, el poema, que es tan humilde,
apenas presenta
                    mínimos sucesos:
el rubor de una rosa,
el roce de una mano,
una gota que cae,
desplomándose en un charco,
el impulso decidido de la Naturaleza
contra la quietud de una roca,
el brillo de una espada,
el ruido y la música,
la luz, amarrada a la sombra,
un hombre que habla
y una mujer que llora,
guerra y paz...,
pues estas pequeñas cosas,
innumerables, desordenadas,
suponen el mundo.

LOS GRANDES OSOS

Los grandes osos bajaron de ríos y valles
y atendieron el sordo rumor del viento
en un rincón de las últimas oraciones.

Los grandes osos huyeron ante la urgencia
de la granada y no de la cálida
confusión, hallada debajo de las piedras,
como oscuros secretos en el amanecer del torso.

Los cimientos no crujirán ante el aullido
escondido bajo las portadas,
ni ante el parlamento de las catedrales,
o el cónclave de las promesas,
o la mentira del futuro,
sino ante la soledad de las tierras lejanas
en una bella noche de eterna alborada.

Por eso ellos chillan,
porque quieren ser niños, y no osos,
por el falso miedo y la oscuridad,
por el frío de los monstruos con voz de electrón,
porque no quieren asumir el riesgo del cuchillo.

Los grandes osos gritan como los barcos,
porque no saben que el infinito no solo existe
en el fondo de las tablas de valores,
sino en la unión de lo natural,
en la verdad de los leones,
llave para la más necesaria destrucción.

COMO EL GATO

Me gustaría ser igual que el gato,
que vive en la acera y vive en tu casa,
como el gato que cuando el frío aprieta
viene a cobijarse a la lumbre de tu falda.

Y, si te necesito, a ti maullarte
y tú traerme un platito de besos,
mantas de caricias y melodías
de palabras, semejantes a mi ronroneo.

Pues está muy bien eso de ser gato,
salir de noche a perseguir la luna,
con tibias esmeraldas descifrar
la armoniosa silueta de tu sombra desnuda,

velar en el pasillo cuando duermes
y contigo soñar cuando despiertas
y tropiezas conmigo en la mañana,
irme cuando te cansas, volver cuando me esperas,

pues ya quieres que te lama las manos
como el gentil caballero a las damas,
ya que no hay más opción si solo existe
un gato que viva en la calle y viva en tu casa.

EL REY LAGARTO

Para Charli

I am the Lizard King,
I can do anything.
Jim Morrison

El Rey Lagarto en estrellas
alza su vuelo a lo antiguo
a través de la tormenta
cantándonos el camino.

No hay fin para el Rey Lagarto,
la Muerte: su mejor amigo.

Sacrificad vuestra sangre,
vuestras monedas con filo,
que el chamán de la montaña
os convoca con sigilo.

Escuchad al Rey Lagarto
cuando la música acaba.

En el final de la noche
con una llama encendida
nunca podrá haber nadie
que esconda las mismas simas.

Rey Lagarto, Rey Lagarto,
voz que hiela al destino.

Su voz como un lago oscuro,
el secreto de la noche
escondido en la garganta
como ardientes licores.

Rey Lagarto, Rey Lagarto,
de la serpiente el hijo.

Escapa en coches azules,
jinetes en la tormenta
vienen para matarte
antes que todos esperan.

CROSSROADS

Dicen que vaya hacia el norte,
dicen que vaya hacia el sur,
al nacimiento del sol
o al nacer de la luna.

Pero yo qué culpa tengo
si mi corazón es una encrucijada.

Dicen que vaya al jardín,
dicen que vaya a la selva,
donde la luz clara y pura
o donde la oscura penumbra.

Pero yo qué culpa tengo
si mi corazón es una encrucijada.

Dicen que siga la llama
de una rubia cabellera,
dicen que siga la sombra
de una apagada melena.

Pero yo qué culpa tengo
si mi corazón es una encrucijada,
y no un seguro caminante
que sepa siempre adónde vaya.

¡Pero yo qué culpa tengo!

CAMBIOS EN EL DECIR

Mi palabra ya no se enciende:
se ilumina
                    por dentro,
con nitidez marcando
fronteras de su cuerpo,
internos órganos,
sabrosa materia de su sonido.

Su límite ya no es el sueño:
es el mundo que solidifica
sus volúmenes de verdad
ante, por, a través de la vista.

Mi palabra es un ojo que ve,
no ya un ojo que sueña,
sino un ojo que piensa
(¿escuchas mi idea...?)

CONSIDERACIONES SOBRE EL YO

Consideraciones sobre el yo,
consideraciones sobre su naturaleza temporal,
sobre su naturaleza caduca y perennal,
consideración sobre las lluvias,
nieves o ciclos temporales,
especialmente anuales,
que influyen en el desarrollo
de su configuración constante
considerando que, si he perdido mi yo
por las borrosas regiones vacías,
he de reconstruirlo:
el yo que era con anterioridad,
aunque ya no será el yo que era antes,
tras la espumosa ola enorme
que borró todo indicio,
pero que al retirarse
dejó una suave, húmeda,
mínima huella
sobre la que pisa decidido
el nuevo yo,
añejo de cimientos.

ESTRATEGIA DEL RECUERDO

Nunca me gustaron las fotografías,
por aquello que tienen
de recuerdo mecánico,
instantáneo,
eternidad de máquinas
silenciosas
como una bestia al acecho.

Prefiero los recuerdos personales,
carnosos como una fruta fresca,
recordarlo todo
con los cinco sentidos
y las tres potencias:
recordar, por ejemplo,
la placa brillante del mar
bajo el sol celeste,
deslumbre,
escamas de luz de una serpiente
que rodea la tierra,
pese al roncar del motor
(el coche subiendo por la montaña),
rumor de voces;
recordar, por ejemplo,
el perfume de su piel
a melocotón perfumado,
la suave esperanza de su pelo,
el sabor a boca de su boca,
y no a otra cosa
valiosa...;
recordar, por ejemplo,

menos minuciosos recuerdos,
más veloces,
la noche durmiendo la ciudad
para adentrarse en los algodones del alcohol,
el aroma de café con leche
caliente
en la tarde fría,
el fluir de los coches
en las amplias avenidas del verano
como el murmullo de un río,
las luces anaranjadas de Madrid,
que repiten en las calles
el imposible ámbar de las negras nubes,
una canción reconocida
al salir
de un bar claudicante,
pasos en los pasillos de la infancia,
tantos otros, tantos
recuerdos...

Que lo que se vuelva sepia,
que lo que queme el tiempo
o el revelado borrándose
no sea la fotografía misma,
sino el mismo recuerdo,
que se vuelva blanco y negro,
que se desvayan sus colores,
alterándose las luces,
atenuándose los sonidos,
borrándose los tactos,
confundiéndose sus olores,
falseado por la feliz memoria,

mejorado en el desgaste,
como un verso
recordado por el pueblo.

PAISAJE NEVADO

Palabra de mis pasos
inscritos en la nieve:

El caminar escucha de mi verso
por los valles secretos dentro en mi alma,
donde blancas astillas riza el viento,
contra las que se impone un cuerpo.

El sendero contempla que vida ha hollado,
lodazal de tierra que cortan senderos
—mi alma, la tierra, mis ojos,
que están húmedos—.

Mis ojos monótonos
contemplando los copos
que caen como el tiempo.

Y su cuerpo se derrite en mi mano
como la nieve en mis dedos.

EL FARDO DE LA VIDA ES EL AMOR

the burden of life
is love

ALLEN GINSBERG

He volado alto
como la paloma,
volado como el espíritu.

He caído como una pena.

He pretendido amasar un cuerpo
equiparable a una fortuna.
Ansié la belleza contemplar
con los ojos dañados
del que mira rectamente el sol.

Pero encontré estatuas de arena
que se derrumban al tocarlas.
Mas hallé el fardo insoportable del amor.

Y he hecho crecer en mí
la amargura escondida como una raíz.
He sufrido la esperanza
y atesorado el temor.
He esperado mi momento
con la paciencia de la muerte.

Tanto sueño, tanta ansia, tanta angustia,
y todo..., ¿para qué?:
para comprender

que no sé amar,
aunque estoy infinitamente solo.

LA GUERRA OCULTA

Batallas contra la tristeza,
invisibles combates.
Grande
es el campo de batalla,
que es
el inmenso edificio
y la calle infinita,
extraña y dolorosa,
la convivencia,
también la vida,
tan indescifrable,
que es
el pasado vergonzante,
el inescrutable futuro.

Repentinos los ataques:
infalibles derrotas,
victorias mínimas,
pero siempre
el mismo derrotado;
la espada, tan pesada,
entre las manos;
girando, tan cansada,
la cabeza,
en busca del múltiple
enemigo,
en batallas
contra la tristeza,
invisibles combates.

MEDITACIÓN

Dobla, pues, tu cuerpo,
yergue tu espinazo,
y moldea con tus manos
de tenaz pensamiento
esa perla de luz
que celas
bajo la concha
de tu piel,
de venas endurecida
(coraza de sangre),
esa perla de luz
que brilla
en el negro abismo de tu ser,
esa íntima propiedad,
esa joya de ti constitutiva,
por ti preservada
en la más reconcentrada
recámara de tu espíritu,
lugar del Tesoro:
tu libre arbitrio,
tu sano juicio,

tu libertad.

AURORA

Llega un momento
en que las palabras
dejan de ser palabras,
nubes azules,
vanos, vagos fantasmas,
ensueños del ocaso.

Llega un momento
en que las palabras
dejan de ser palabras
llegan a ser
carne, nítidos paisajes,
tierras abundosas,
horizontes palpables.

Llega un momento
en que las palabras
dejan de ser palabras,
descubren
el mundo,
frescamente sorprendido
en la aurora...

NARCISO

Salir decidí de mí mismo
(entonces me perdí por los ramajes).

Huir decidí de mí mismo
(entonces dejé abiertos los abismos).

Y, cuando volví a mirarme en el espejo,
vacía encontré mi figura transparente.

Y, cuando volví para habitar mi casa,
pasos de nadie resonaban en mi estancia

Ahora, de nuevo soy flor
que se contempla en quieto río propio.

AMOR EN TRES TIEMPOS

I

Invades mi vida
como la primavera los campos
haciendo saltar
prodigiosa
los colores,
y brillar la hierba,
y silbar las brisas,
despertando la salacidad
inocente de los pájaros.

II

Que estuvieras aquí...,
que compartiéramos
como un pan
la soledad,
aunque parezca
contra sentido:
los dos solos
ya no estamos
solos.

III

Deshojar la flor de tu sexo
hasta dejarlo
en la pura desnudez del placer.
Beber la miel de tus entrañas.

Zumbar como la luz
en tu centro
buscando el negro
origen del abismo.

EL SUEÑO DE EROS

La carne es el sueño del amor,
sueño de besarte
los más íntimos labios,
sueño de apurar
licores abrasivos de tu boca,
ansia de explorar
tus palpitantes cavernas,
anhelo de sentir
el garfio de tu lengua
desgarrando
mi piel,
delirio de fundirnos
en la cera lacerante
de la pasión,
sello que lacra
nuestros unidos cuerpos,
cicatriz de deseo.

ALFAREROS

Si nuestros cuerpos
se mezclaran
como barro...

Si, conjugados,
moldeáramoslos,
con besos, caricias
y tensiones...

Si nuestros brazos
confundiéranse
con nuestras piernas,
con nuestros brazos
las piernas...
−asas de la vasija−

Si nuestros abdómenes
enfrentados,
piel contra piel,
cosidos con agua,
formaran
el vientre de la crátera,
el crisol
donde confluyen
las opuestas fuerzas.

Si nuestros cuerpos
fueran nuestro cuerpo;
si nuestras almas,
nuestro espíritu,

mezclados,
como el caudal de los ríos,
el fango, el aire, las miradas.

ESCENA (LA DUDA)

Detrás de ti,
la llanura horizontal.
Detrás, la tarde,
que es un cuerpo herido
que cae a tierra.
Dentro de ti,
el ansia contenida;
dentro, el ánimo
de entregarse.
Y tu pecho, un puño cerrado.

El viento riza nuestros cuerpos.

Y no caballos ardientes
corrieron por mis venas,
no el vértigo y el frenesí,
no el abismo
de tentar a tu lado un vacío
y desilusionarse.

No sé si realmente te quiero.
El bien es imperceptible;
el mal duele.

CENTELLEOS

Mi deseo infinito
choca
      contra
tu finito cuerpo.

* * *

–Te amo –dijo.
Y el Verbo se hizo Carne.

* * *

Yo era Uno
que pretendió ser Otro
para ser Nadie.

* * *

Tras el estruendo
duele el silencio.

* * *

Mi memoria barre
las hojas secas:
el tiempo inútil.

* * *

Felicidad: amparado
en la paz tramposa
de la biblioteca

* * *

Este poema es un crisol
donde fundir tus emociones.

* * *

Poesía, esa frontera
entre la pasión
y la inteligencia:
línea borrada ya
de pisadas,
arena que mezcla el viento.

* * *

La poesía salta
de una chispa cotidiana.

* * *

Igual que no puedo evitar
que la realidad invada la poesía,
tampoco puedo evitar
que la poesía inunde la realidad.

* * *

MATEMÁTICA DE LA SOMBRA
(MULTITUD OBSERVADA DESDE UN EDIFICIO)

Matemática de la sombra:
ángulos fieramente humanos.

Un punto se proyecta en otro:
la velocidad en lo instantáneo,
la gravedad en su peso.

Matemática de la sombra:
millones de puntos sin cielo.

* * *

LA NUBE

Busca la poeta de la nube,
ronda las esquinas oscuras,
encuentra el sacrificio al sueño,
encárnate en dioses,
sopla con tu aliento,
cura tus habitaciones desnudas
con los algodones del cielo.

Un poema con llanura y tres poemas con mar

Un poema con llanura

PAISAJE (MANCHEGO)

El cielo enfurruñado

l

l

o

r

a

porque alguien pica cebolla

en una nube vestida de hombre serio

Si realmente llora,

no se podrá ver

el caleidos-

girando   copio

de la tarde

sobre   la   llanura

REALMENTE ME DAN GANAS DE LLOVER

Tres poemas con mar

1. HORIZONTES

Hay una palabra que habla
De algo que está
más allá que ella misma,
como habla del mar
el rumor precedente,
o como habla la lágrima
del sentimiento,
o del perro el ladrido,
o del amor rus ojos...
Hay una palabra que habla
de algo que está
más allá que ella misma:
es su horizonte.

2. LA TORRE DE HÉRCULES

Miro el infinito,
infinito mar.
Él a mí me habla
con un susurro de espuma;
eriza su azulada piel
como un gato salvaje.
Pienso entonces en otros mares:
en el prado contiguo
que en verdes olas se agita,
en el sembrado de trigo
que peina amarillo el viento,
en mí pecho cuando te acercas...
(y sufro la tormenta).

3. ESPEJOS

Hoy he contemplado largamente el crepúsculo
y aquella otra llanura, el mar.
Hoy
un hombre
al que el ciego azar ha deparado
una parecida personalidad
y una tristeza semejante,
en un lugar diferente,
pero a una hora probablemente distinta,
ha contemplado el crepúsculo
y aquella otra llanura, el mar,
y ha pensado:
«Hoy
un hombre
al que el ciego azar ha deparado
una parecida personalidad
y una tristeza semejante...»

Cancionero nuevo

A Marie, que pasó
y ya no volverá

*Teño algo importante que dicir
agora que vimos de
despedirnos
para sempre.
Quérote.*

Manuel Rivas

PRÓLOGO
CARISMA

Quiero nombrarte de nuevo,
refundarte, recrearte,
bautizarte de sueño,
que abandones tu nombre
parecido al de otros, los otros,
los que no te conocen,
que seas la cara que emerge
distinta, única elegida en luz
de por entre la multitud cerrada,

decirte,
llamarte:

Cuerpo de Nieve Erizada,
Cabo de Buena Esperanza,
Llanura Desbocada,
Caricia de Cinco Pétalos,
Viento Luminoso,
Paso de Guerrera,
Cinturón de Presencia,
Subitáneo Impulso,
Meteoro de tu Risa,
Ojos Terrestres,
Mar de la Luna,
Huracán de Lava,
Material Celeste,

o acaso no,
no lo sé,
dímelo tú:
comparte conmigo tu nombre secreto.

I

PLEGARIA

Dioses inexactos
del azar,
sedme propicios,
proteged
el hilo dorado
en que se ha detenido el tiempo,
congelad
la imagen del viento
que sus cabellos desordena,
preservad su llama
en vuestras palmas gigantes,
anulad los abismos,
anudad su recuerdo,

ceremonias inseguras
practicaría,
falsos rituales,
holocaustos vanos,

os imploro...

II

AMISTAD

A Isra

Ahora que soy hijo
reciente de la luz,
y nieto eres tú de las tinieblas,
generación interminable
de la noche,
agarra mi brazo oferente
que su savia luminosa transmite,
a ti, que hundes tus raíces
más ávidas del dolor
en la tierra más oscura,
acepta
la estelar explosión
de mi risa,
mis brazos no cenagosos
que te arranquen de la arena,
crece hacia constelaciones
que fuertes mitologías dibujan,
dado que cósmicas tormentas
trastornar el cielo podrían,
hundirme a mí en la lava,
alzarte a ti más allá de lejanas galaxias,
ahora que yo soy la luz
y a ti te falta,
hermano sin silencio,
y luego a mí me falte
y tú la seas.

III

MI AMADA EN EL NORTE

Abrazado
a la estatua de tu hueco,
testigo
de tus alejadas lágrimas
ante el jardín
inesperado de la muerte,
lluvia de ceniza
en París,
sol indiferente
me acompaña.

IV

EL BESO (SUEÑO)

Puede que nuestro beso
no sea emblemático,
que no esté sumergido
en la lluvia gris
del blanco y negro
de los años 50,
pero, en cambio, no es simulado,
enfrente del Hôtel de Ville,
París, años 90.

V

EL BESO (SUEÑO) II

No sé qué idioma usar
para decirte:
          beso.
aunque acaso dé igual,
porque el beso es...
como una música
o un sentimiento:
carece de palabras.

VI
EL MONO GRAMÁTICO

Aprender la gramática del cuerpo
solo dos sexos pero
¡cuántas permutaciones!:
morfología oferente
de las entrañas,
sintaxis, bisagra
de los cuerpos en su centro,
fonemas, jadeos
que se ritman
como un significante
del amor.
Plenitud del sentido.
Silencio.

VII

ANTIPRONOMINAL

Ojalá
pudiéramos hablar
sin palabras posesivas:
sin "tu", sin "mi",
ni siquiera
"nuestro",
no
decir
"MI novio", "tu novio",
"TU novia", "mi novia",
"nuestras cosas",
"nuestra pareja",
no usar
esas sílabas leves,
superfluas
que marcan,
encierran el territorio,
que solo pudiéramos
decir
"tú",
"yo",
"nosotros",
o, mejor,
solo nombres
propios, enteros,
ni recortados,
ni diminutivos.
que fuéramos

una extensión
e independencia
mutuas,
nunca
una
sumisión,
o una
imperancia,
nunca jamás
una dependencia
avara
y gramatical.

VIII
SEPARACIÓN

Sin ti
es como
antes
de ti,
destilación
amarga
de la soledad.

IX
CEREMONIA

Tu cuerpo,
Sagrada Forma.

Carnal comunión
del amor.

Éxtasis
humano.

X
CUMBRE

Dos cuerpos
atraídos
a la cima del instante.

XI

INSINUACIÓN

Te abres para mí
como una sabrosa flor
vista desde muy cerca,
como en un cuadro
de Georgia O'Keefe:
desvaídos rosas,
estambres curvilíneos,
como el ojo contra el cristal,
el vaho.

Te ofreces
para mí
con tu suavidad profunda,
con tu sonrisa visceral,
con tu boca entreabierta,
con tus labios entremojados,
con el silbo de tu olor,
la magia central...

Acaricio la rosa,
la meso,
la rozo con mis labios
con lento beso,
con brisa rasa,
cutánea,
la exploro,
hasta el gineceo secreto...

Ronroneas
como una abeja.

XII

ADIÓS AL AMADO VIAJERO

Las puertas de la muerte
se abrieron,
una noche
de julio, fuegos
artificiales
profanaban
la oscuridad.

No esperes la vuelta
de las sombras
de un terrible
Avalón,
me has dejado
fuera
de tu torre ciega
de amargura,
y mis lágrimas
no corroen
las piedras
que nos separan.

Abre
las ventanas.

XIII
REPÚBLICA

1

Liberados en la gracia
y gozo
de la infancia,
la inocencia pura
del deseo,
como una piedrecita
dejada
al mar caer
desde el acantilado,
arrebatada
por unas olas temblorosas,
caminando,
de nuevo desnudos,
por la esclusa.

2

Nos devuelve la pasión
la libertad de estar vivos,

así por ejemplo,
qué fácil
coger
tu seno en sazón,
atrapar tus ojos
y tu grito,
mira, ven,

qué fácil
enhebrar las ramas
tibias
de la carne,

¿quién lo hubiera así pensado?

3

La licencia del amor
me permite
el besarte en público,
bares, parques,
plazas y jardines,
estrecharte el alma,
con abrazo grande,
adentrarnos
en el túnel
secretísimo
el deseo.

XIV

TORMENTA DE HIELO

Te toco con mis dedos de cristal,
con tal cuidado, suavemente,
para que no se rompan
con tus estremecimientos rosados,
como las ramas y las hojas
de los árboles en invierno,
sus hojas y sus ramas de hielo,
por el sol traslucidas.

XV

VENUS

La blanca pureza de tu piel
como la superficie pulida
de una diosa primitiva:

curvada gloria de tus caderas,
trazado triángulo de tu sexo,
pronunciamiento redondo de tus pechos,
y geografía lineal de tus rasgos,

yo te he encontrado,
en ya no sé cuáles

Cícladas de carne.

XVI

EL ENCUENTRO (ANIVERSARIO)

Aquel día,
un año antes del falso milenio,
el 6 de febrero,
exactamente a las dos
y cincuenta
y ocho, casi nueve,
segundos de la tarde,
y siete décimas
y cinco centésimas
y apenas una milésima
de segundo,
todos los autobuses,
guerras y coches,
líneas aéreas,
transeúntes,
soles, satélites,
estrellas
y demás cuerpos
terrenos y celestes
se detuvieron,
durante un latido
i n c o n m e n s u r a b l e
de nüestro corazón,
solo para celebrar
el nacimiento
de nuestro amor
en una mirada
que se cruza...

XVII
POLIFONÍA

Amor, cómo quisiera
que tú también tuvieras
una voz en mi poema,
que cuando yo empezara
a proclamarte ángel
de luz o de tinieblas,
diosa
griega o primitiva,
cielo, mar,
tierra o incendio,
que cuando yo empezara
a esconderte en mis metáforas,
tú me corrigieras,
diciendo,
sí, esto sí, quizá,
pero también
me levanto pronto
todas las mañanas,
respiro, estornudo,
me aclaro la garganta,
voy a por el pan,
siento
la caricia del sol
en mi carne vegetal,
nutriéndome de esperanza,
que siento
la humedad de tu piel,
invadiéndome,

tu aliento en la garganta,
o la pena frondosa,
solitaria sepultándome,
que voy paso a paso,
junto a ti,
por lo que a veces
nos tropezamos
y basta pedir perdón,
y corregir el ritmo,
que intentamos construir
una realidad
más que un sueño,
que, realmente, el acto poético
es cada uno de nuestros besos.

XVIII

SOLIPSISMO

¿Cómo podría saber
la soledad de tu pena?
Me invento imágenes,
metáforas, profecías,
para intentar comprenderte,
como siempre
cuando no entiendo:
que eres como un faro ciego
en una isla
rodeada por el mar de la noche,
que eres una mansión a oscuras
sin muebles ni sirvientes,
una ciudad desierta
por una súbita peste,
un niño sin juguetes,
una montaña sin eco,
un valle sin río,
un osezno sin padre.

Pero todo es inútil:
¡si hasta de mí mismo
me desconozco!

XIX

POR PASOS

A Gioconda Belli,
por su sabiduría
femenina,
y un par de palabras.

Amarnos,
primeramente,
por nuestras discretas,
pasajeras bellezas:
por ejemplo, tus pechos,
jugosos como fruta
que invita a ser cogida,
pendientes
del árbol de tu cuerpo;
o la redondez de luna
de tu cara,
dulce y triste Pierrot;
tu figura,
rotundamente estatuaria,
casi alada,
de un museo secreto;
o mis hombros,
anchos
como la copa de un roble
o la envergadura extendida
de un pájaro imperial,
mi marrón mirada
de varón,

mis manos melodiosas
como las de mi abuela difunta.

Pero, luego, definitivamente,
amarnos
por debajo de la piel,
que es donde se aloja el tiempo.

XX

ESCÁNDALO

Me gusta hacer
el amor contigo,
directa,
personalmente,
no con palabras,
en sueños,
o en idilios,
no con los maniquíes,
como de un almacén olvidado,
de las revistas,
o acaso en el comercio
falaz del deseo,
no, sino
contigo,
personalmente,
en la concreta
extensión
de nuestros cuerpos.

Será por eso que,
cuando nos amamos,
no se borran
los pronombres
y demás categorías
erótico-gramaticales
del lenguaje,
sino que además decimos
nuestros nombres

(a voz en grito
o en jadeo)
para perjuicio o risa
de los vecinos.

XXI
LA ESPERA (SUEÑO)

Cuando oigo tus pasos
la ciudad resplandece,
cuando paseo a tu lado
—la vibración conjunta
sobre el pavimento,
la percusión de los pies
sentida
en las puntas de los dedos,
en la redondez del talón,
como el ritmo de una selva
bajo el asfalto—,
entonces,
eres
como un sol de carne
en torno al cual giro,
como el centro,
palpitante y volcánico,
de la vida.

Y entonces, cuando
se encienden los grises,
y los colores explotan
como flores sobre el pavimento
o mariposas huidizas
en bandada.

Entonces, solo entonces,
la vida

es una melodía, y la vista,
una caricia; el oído,
una revelación
de tu alejada risa.

EPÍLOGO INESPERADO

I

Cómo me gustaría
solo saber tu piel
pero no tus abismos.

Cómo solo tu risa
como tormenta de verano,
mas no tanto el orballo
terrible de tu llanto.

Cómo solo tus proezas
y no tus caprichos,
cómo solo tus caricias
y no tus vorágines.

Cómo solo los pétalos
y no las espinas,
cómo solo tu cara
y no tus entrañas.

II

Hay momentos
cuando el amor
solo encuentra sus huecos,

los pasadizos vacíos,
las grutas y apartamientos,
las habitaciones escondidas.
Hay momentos
en los que uno llama
a la puerta y no
responde nadie,
las líneas cortadas,
los transatlánticos hundidos,
aviones sin despegar,
y los trenes parados.

Hay momentos
cuando el amor
solo encuentra sus huecos,
y los dioses
dejan de ser propicios:
cuando uno necesita
el pulso de un amigo.

Epitafio
POEMA ÚLTIMO PARA
MARIE-PASCALE MUERTA
(LAS LÍNEAS DE LA MANO)

No me quedan de ti
nada más que tus manos,
tus manos oferentes
en primer plano de sacrificada,
tus palmas deslumbrantes en escorzo
que hacia atrás conducen,
por tus brazos desnudos
en tenue perspectiva,
hacia tu blanquecino cuerpo,
espectral e impoluto,
al mármol cercano,
por digno de estatua de diosa
en los jardines de tus reyes perdidos,
o de inaudita heroína
en las más antiguas olimpíadas.

No me quedan de ti
nada más que tus manos,
no tu rostro hundido
en la ceniza más abrasadora del olvido,
o envuelto en los condenatorios lienzos
del más tirante desaliento,
o tímidamente oculto
en el más pudoroso capuchón
del tiempo y el silencio detenidos
en la más prieta, tiránica obscuridad,
como ala de cuervo extendida.

No me quedan de ti
ni tu cuerpo, ni tu faz, ni tus labios:
sino solo tus manos,
tus manos de pétrea piel
en la que están trazados
los surcos más profundos
de tu vida tan delimitada,
de línea a la mitad trunca,
los surcos tallados a bisel duro
de los rebeldes, orgullosos jóvenes
que libremente eligen
cumplir con su destino.

Galería

Si vas a emprender el camino hacia Ítaca
pide que tu camino sea largo,
rico en experiencias, en conocimiento

CONSTANTINO CAVAFIS

El otro. Con el otro
la humanidad, el diálogo, la poesía, comienzan

ROSARIO CASTELLANOS

El poeta es un fingidor

FERNANDO PESSOA

I

1. EL VIAJE

Si llama el viento a tu puerta
con sus manos de gigante,
déjalo entrar,
ensancha tu casa,
comparte el huracán.

No tengas miedo
a viajar
a un incierto Oz,
provoca al Oeste,
recuerda las palabras,
ciñe la luz,

indio rabioso.

2. Y MAÑANA...

Tenía una vida fácil,
planeada,
predecible,
como una línea recta
hasta el infinito.
Fui a la universidad
en Ohio.
Tenía una chica rubia
como novia,
pálidos ojos azules.
Mis padres me decían
que nada sería complicado,
nunca.
Terminé la universidad,
me compré una motocicleta,
me dirigí al desierto.
La vida tenía que ser
difícil,
me decía,
sí,
tenía que serlo,
en algún sitio...

3. GRAND CENTRAL STATION

La estación,
con bóvedas más amplias y altas
que un santuario romano,
una inundación
de gente la barría.

Poco a poco,
con la caída
de la tarde
fuera de los muros,
con la caída
de la noche,
el reinado de la luna,
la luz filtrándose
por los ventanales
de tamaño gótico,
la estación
se fue despoblando
y solo quedamos
tú y yo.
Nos encontramos,
finalmente.

Nos amamos
sobre un banco.

La soledad
se tornó
compañía.

4. AUBURN AVENUE

A Rosario Castellanos,
in memoriam, por
Nota Roja

Lo tenían acorralado,
quizá a altas horas de la madrugada:
negras sombras de negros cuerpos,
persiguiendo
negras espaldas en la negra noche.

Nadie sabe aún el motivo
ni la causa
ni la hora, exacta y solemne,
de la muerte irreparable,
la herida de bala
o arma "blanca",
¡qué ironía...!

Pero el cadáver del chico yace
con su reguero inexplicable
de silencio,
enfrente de donde nació
Martín Luther
King.

Ahora, al amanecer,
desde la pobre casa,
se ven los rascacielos
de Atlanta,
en el "dulce" Auburn,
¡qué ironía...!

II

1. LOS PASOS DEL VIAJERO

No se sabe
si llega o
si parte,
si está a punto de
partir o
a punto de
irse,
si sus uñas
rezuman arena
o sus pies
azules están de frío,
si su tez es morena
por el sol del trópico
o el reflejo de la nieve:
infinitas son
las formas de su alma,
indescifrables son
los pasos del viajero.

2. *PUER SENEX*

(RECUERDO)

El chico, incómodamente instalado
en esa edad quimérica
entre el niño y el hombre,
ojeaba un ajado
libro de poemas de Cavafis,
anhelando una juventud perdida
que tener buen derecho
a añorar,
ya viejo sabio prematuro,
como Alejandro Magno,
rodeado por una ciudad gris
como una inminente tormenta
imaginándose de velas filas
iguales a perdidos años,
en los sucios pasillos
del metropolitano.

3. UNA VIAJERA

Los fluorescentes,
al encenderse,
iluminan tu rostro
en los pulidos pasillos
del aeropuerto
y sus reflejos.

Buscas países, placeres,
descubrimientos
que alguien ya ha realizado,
pasearte por dentro
de las postales
de los turistas,
la suavidad de los ropajes
y de las fiestas,
las amistades pasajeras,
como de un sueño
—y sueñas ya
en cinco idiomas...—

Y todo con tal de eludir
los rituales más esenciales
del nacimiento
y de la muerte
y de la resurrección,
la desolación esperanzada
de la vida,
la humedad y firmeza
de la tierra que nos ampara.

4. ESCENA CALLEJERA

A Carli

No eran capaces
de establecer las causas,
factores y concomitancias,
solo quizá las inclemencias,
ni cuándo todo empezó,
ni cuándo acabará
—si ni siquiera sabían
la fecha de su muerte,
apenas las de su vida—,
pues solo son
aquellas dos figuras
que se dan la mano
en el lugar del encuentro,
no se sabe si de saludo
o de despedida,
como otras tantas
y repetidas veces,
simplemente unidos
por la mutua deuda,
silenciosa e inexplicable,
de la amistad.

5. PEPE MORENO

A Alfon

Veía películas
hasta en los cielos,
y hubo un tiempo
en el que
quiso también hacerlas.

Ahora es
el proyeccionista
del viejo cine
(antes iba
de pueblo en pueblo,
de fiesta en fiesta
del patrón:
guarda
cuarenta años
de afiches polvorientos
en su arca secreta,
un tesoro
en un desván remoto
de una infinita
casa de pueblo).

Aún filma
con su mitológica
Super-8
la salida de los caracoles
con la lluvia,
la paciencia del tiempo
y su representación.

III

1. LAS MENTIRAS DEL VIAJERO

Las mismas mentiras
(y verdades)
del viajero

eran

las verdades
(y mentiras)
del mismo viaje.

El viajero
hablaba y hablaba,
en la costa
brillante y azul,
las ropas aún mojadas,
y nosotros...
le creíamos,
o no le creíamos,
pero siempre
le admirábamos,
¡este condenado
hijo de Laertes!

2. REGRESO

De repente uno entra en una habitación rota,
o peor aún,
en una habitación rompiéndose:
es la memoria,
es la delicadeza del tiempo,
la naturaleza quebradiza
del sentimiento,
la poesía, esa esquina,
cayéndose a trozos,
como por una inundación,
la necesidad de G R I T A R
por la caída de las paredes.

De repente uno entra en una habitación rota,
y en un ritmo quebrado
se da cuenta
de que es la propia alma.

3. *ARS MORIENDI*

I

Antes eran
solo sombras,
formas de lo eterno,
niños y adolescentes
que aún no habían
aprendido
el arte de morir.

De repente,
ingresaron en el tiempo.

II

El arte de morir
es
el arte de vivir,
el definitivo saber
de haber un fin
que nos hace esforzar,
¡tanto!,
en el camino...

4. LAS COSAS

En el momento de la muerte
me rodearán mis cosas:
el pantalón
de gastada pernera,
los zapatos
que seguirán vacíos,
mis camisas,
que se quedarán en este mundo,
eternamente flácidas
en sus perchas del guardarropa;
mi frasco de colonia
interrumpido como un mar
por una repentina represa,
guardado
como una reliquia
en el armario del baño,
ya nadie lo terminará,
por respeto al müerto,
y mis discos y libros,
y mis fotos y afiches,
toda esa vanidad
del saber, de la belleza
o del recuerdo.

También estará mi mujer,
mis hijos o hijas,
o nadie,
o sobrinos, quizá
también, mis hermanos

y otros familiares
o amigos...

Pero el hombre cuando muere
está solo.
Mis cosas se quedarán
un poco más inútiles que antes.

IV

ENIGMA

¿Cómo será
el despertar
de este pequeño sueño,
el viaje?

¿Será quizá
como abrir los ojos a la luz,
pero acompañarse de sombras,
de desnudos deseos
como carne y esqueleto,
el dolor de cabeza
de un tan desconcertante olvido,
o la turbadora memoria
del ser, desgraciada-
mente entrevisto,
como el rostro,
bello y terrible,
de un dios,
en el sueño...?

¿O como abrir los ojos a la muerte,
oh Segismundo?

Love-fiction

PRIMERA PARTE

Un muro

Por primera vez en mi vida
me doy cuenta
de que me encuentro
ante un largo muro cerrado.

Me acerco, soplo,
me pregunto que habrá detrás,
inaccesible,
poso mi mano
en la película de ladrillo:
está caliente,
el humo rezuma
como una chimenea volcánica,
una luz fosforece
en su interior solo reflejado
en el cielo nocturno.

Y el muro bufa,
se retuerce, cierra, circunvala,
agita su cola
como un animal esquivo
o una ballena varada,
de una pirueta
se pone en jarras.

Qué extraños
son los muros
últimamente.

SEGUNDA PARTE

Comprensión

Me tragas
con el pseudópodo de tu cuerpo,
me englobas,
me abarcas,
me estiro en tu interior
hasta casi hacer explotar
la pared transparente de tu piel.

Me neutralizas
como el peor parásito de mí mismo,
me aniquilas,
me corroes,
me purificas
en un blanco líquido amniótico.

Desde fuera
se me ve
bullir en tu interior,
convertirte
en algo distinto
de ti misma,
convertirme
en algo distinto
de mí mismo,
(re)nacer.

TERCERA PARTE

Pareja

A Carmen Gómez García, por sus
siempre sabias palabras.

Mi mirada es un pájaro solitario:
necesita posarse
en el árbol cotidiano de tu belleza
antes de caer muerto de cansancio.

Mi mano es una llave huérfana:
necesita llenarse
en el hueco tibio de tu mano
para abrir una intimísima puerta.

Mi piel es una llanura desolada:
necesita que la pueblen
tus labios, tus manos, tus yemas
en erizadas manadas.

Mis palabras son una pelota
de eco que se estrella
contra el muro de mis pensamientos:
necesita de tu atención tensada
para volverse un ajedrez de risas.

Tu presencia es lo único que me impide
no pensar constantemente en ti,
pues ya te tengo delante,
como un camino, un cielo,
una semilla, un horizonte...

Urbanismo

Utiliza las cosas que te rodean
RAYMOND CARVER

A mí se me hace cuento que empezó Buenos Aires
La juzgo tan eterna como el agua y el aire
JORGE LUIS BORGES

1. URBANISMO

Al fin y al cabo,
y pese a todo,
la Ciudad no es infinita,
por lo que siempre acaban
repitiéndose
las mismas acostumbradas
plazoletas
del aburrimiento,
los mismos nodos
inevitables,
inesperados
(por ya conocidos)
del laberinto.

Y sin embargo
la Ciudad es inabarcable
como un barco monstruoso
que se hunde,
que siempre se está hundiendo,
y nosotros somos
animales heridos,
todo por lo que
utilizamos:
trenes, tranvías,
llamadas telefónicas,
tarjetas de crédito,
computadoras, interfaces,
terminales de radio,
solo para

mantenernos
en con-
tacto o sin
tacto, como los
pájaros cantando
en los hilos del telégrafo,
todo solo para
saberse existentes
como especie

(y necesito tu cuerpo a mi lado...).

2. MI BARRIO

El olor de las pastelerías me hace reír.
Cuando me dirijo al trabajo,
por las mañanas,
cotidiano como un pan
recién salido del horno,
y paso por delante...:
el olor de la pastelería me hace reír.

En mi barrio hay olores
y las macetas explotan
de color en los balcones
de donde sale...
el zumbido de una trompeta,
el correr fluvial de un cello
—no siempre afinado y rechina—,
los golpes de los tambores,
rítmicos o arrítmicos,
la bocina manifestante
de los equipos de música.

En mi barrio está
el tráfago del mercado antiguo,
donde se mezcla la música
de los acentos y de las manos
que se arrebatan
las verduras luminosas,
y está también el calor
de madriguera de los bares,
o la precisión exótica

de los restaurantes despaciosos,
el secreto de las librerías de viejo.

En mi barrio repercuten exactos
los martillos y los picos
de la construcción,
tras o contra
algún derrumbamiento
de las casas semiabandonadas,
que solo visita el tiempo.

En mi barrio la gente
cruza sus ojos sin mirarse,
y vive sus vidas
paralelamente
sin saberlo,
pero en otros barrios siente
que las personas le resultan extrañas
y dan miedo.

Mi barrio es realmente
algo muy especial,
como una isla de casas bajas
en un océano de rascacielos.
A veces pienso que no existe
nada más allá:
que te arriesgas al abismo
si pones un pie fuera.

3. LEVIATÁN

Tras unos segundos de fulgor,
de palabras iluminadas
compartidas,
de acaso leves
roces,

la ciudad te ha tragado,
engullida por
la multitud,
por la manada de
viajeros del metro,
rugiente.

4. ÁNGEL

Cuando voy en metro
me asalta siempre
la misma sensación
de que junto a mí hay
alguien
ignorado
con quien he compartido
algún otro
momento
de la
ciudad.

5. POST NO SIGNS

Imagínate que en la calle
no hubiera
ningún signo.
Que los edificios, las aceras,
los autobuses y pavimentos,
las alturas, todo
estuviera
desnudo.
Que fueran incomprensibles
como ya para nosotros
el campo de nuestros abuelos.
Que no contuvieran
ningún mensaje.
Que fueran
enigmáticos,
vacantes,
como un desierto,
sin transeúntes,
sin vehículos,
sin flujos de gente:
solo una pareja humana
fornicando,
sobre el asfalto.

6. EL MANTEL DE MI CASA

Aquellos ojos míos de mil novecientos diez
no vieron enterrar a los muertos,
ni la feria de ceniza del que llora por la madrugada,
ni el corazón que tiembla arrinconado como un caballito de mar

FEDERICO GARCÍA LORCA

El mantel de mi casa conoce
las largas noches de invierno
en las montañas para mí ya míticas
de un pasado familiar y lejano,
anterior a mí,
el rumor de las castañas y las ascuas
a la lumbre,
la humedad que entra por el zaguán
con los hombres que se bajan del caballo
—o la más modesta mula—,
abatidos
por la lluvia, o la nieve, y el hambre.

El mantel de mi casa reconoce
la mano dura de mi abuelo,
que lo llevó empuñado
a la esperanza de aquel pueblo llano,
aún no asediado de viñedos,
más vario entonces
el agrícola ejército,
antes de la ambición...

El mantel de mi casa recuerda
como antes, como entonces y como ahora
—hoy tan solo los domingos,
cuando hay visita—:
el fragor de los platos, los cubiertos y las comidas,
la arrastrada conversación de los naipes,
el orballo monótono de las charlas,
de las confesiones y los chismes,
las palabras que caen en él
y lo amarillean con el tiempo,
como a los dedos los cigarrillos
de algún fumador empedernido.

El mantel de mi casa guarda
huella y recuento todavía
de alguna guerra novelesca
y decimonónica,
o de alguna otra que también
fuera acre y fratricida,
pero más reciente,
el hedor de la pólvora quizá
impregne aún un poco sus tejidos.

En el mantel de mi casa,
como en un altar,
se quedó atrapado
el círculo del vaso de vino
que bebió el antepasado,
el padre de mi madre, mi abuelo,
o los agujeros de los alfileres
que en él prendía
la abuela paciente,

mientras bordaba la vida.
Si vivieran los perros muertos de la casa
ladrarían con alegría al sentir
el olor que dejaron sus dueños
con el tráfago diario en la tela...

El mantel de mi casa cambió ya
varias veces de casa, de ciudad y de vida,
y apenas lo usamos
tanto como antes,
pobre, que está cansado,
pues tan solo lo sacamos
algún domingo que otro,
cuando hay visita;
la mayor parte del tiempo
lo atesoramos ciego
en un arcón, igualmente heredado,
cómodo en una superior
eternidad de objeto.

Solo le falta poder hablar.
Cuando nosotros muramos
nadie podrá llegar a entender
sus ya perdidos secretos.

7. PEPE

Pepe: un nombre ordinario
para un tipo extraordinario.
Empezó Matemáticas
—no sabe bien por qué—,
pero dejó la carrera a medias
al comenzar a comprobar
las romas aristas de la realidad.

No tiene empleo fijo:
lo mismo trabaja en un bar
que en una tienda,
que se pone a tocar
la guitarra en el metro,
que escribe poemillas
en notitas adherentes que pega
en la puerta de las neveras de los amigos.

Está endurecido por la vida,
por el amor y por el arte.
Tendrá unos veintitantos años,
algún que otro amigo leal
y más de una cama caliente.
Nos tomamos de vez en cuando
una cerveza en el bar de la esquina.

8. EVA

Tenía los pechitos
como sonrosados fresones
de humana talla.

Los zapatos están
aireándose en el alféizar,
acariciados
por las cortinas
de un denso color rojo,
balanceadas
por la brisa fresca.

La cama
está tibia a mi lado.
Ella está preparando
el desayuno
en la cocina.
Debería levantarme
a ayudarla...

9. LAS PRIMERAS VECES

No en un rojo y sórdido
cuarto de hotel,
no en un yermo
descampado,
o en una habitación
intimísima y oscura
desde donde se escucha
el tráfico como un río tranquilo,
se ve el globo amarillento
de una farola
o los visillos bien bordados
de la lluvia.

No en un parque solitario
como un desierto
en el que solo
pasea una figura,
o en el chirriante asiento
de atrás de un coche
—el vaho delator—,
o en el servicio,
ensordecedor y mínimo
de un bar,
al que ibas con frecuencia
pero ya no...

De una forma clandestina,
entregada o ingenua,
urgente y precaria,

pero siempre, siempre
heroica,
aunque realmente
sea esa
la primera vez
que hagas el amor...,
aunque sea, repito,
realmente
esa
la primera vez,
no temas,
te repito,
no temas,
pues no perderás aún
la inocencia,
no,
aún no.

Eso, eso,
ocurrirá
solo después,
mucho después,
en otro momento,
cuando tengas,
por ejemplo,
que separarte
acaso
por primera vez,
definitivamente,
de la piel de alguien
a quien realmente
sí has amado.

Sí,
entonces, lo siento,
sí,
solo entonces
sí será,
y aunque ya no se sepa
quién ha sido el culpable.

10. MISA

Reunidos en esta habitación,
convocamos dos espíritus:
la amistad y el vino.
Y por tanto realizamos
rituales imprecisos,
como el cuerpo que tropieza
contra el sofá desplazado
en medio de esta sala,
o el brindis con la sangre de la uva
o con la hiel de los cereales,
y dos cuerpos
que se caen abrazados
sobre el suelo transitado,
o el vuelo de las palabras
y el de los vasos,
así entre la santificación
de los gestos
como entre la dionisiaca pulsión
de los altavoces:
nuestras miradas y postraciones
dirigidas hacia la ventana
de donde nace la luz,
a altas horas de la madrugada
de este nuevo día compartido
entre nosotros.

11. LA LABOR COTIDIANA

Podía predecir
sus gestos más cercanos,
inmediatos:
qué tomaría para cenar
cuando no estuvieran
los viejos en casa,
con qué canción
nos machacaría
como un organista loco,
durante semanas,
qué gritos pegaría
al llegar,
jodido,
del trabajo,
o qué inesperadas
risas o sonrisas,
largas e irónicas
como las de un gato invisible...
Mi hermano, sí.

Pero sin embargo
no pude predecir
la llegada arrolladora del amor,
rápida como una guerrilla,
la independencia en el extrarradio,
su empezar a vivir
la vida, al fin,
definitivamente,
engendrándola...
Hum, la libertad humana.

NOTA FINAL

PROCEDENCIA DE LOS POEMAS Y AGRADECIMIENTOS

Los *Primeros poemas* obtuvieron sin título conjunto el accésit del certamen de poesía de mi colegio e instituto, el Colegio Decroly, en el curso 1992-1993, y una selección reducida de poemas de *Los elementos*, el Primer Premio en el mismo certamen, pero del curso 1993-1994.

Cuaderno poético está conformado por textos todos manuscritos e inéditos, escritos a lo largo de mis años de estudio de Filología Hispánica (1994-1999) en la Facultad de Filología de la Universidad Complutense de Madrid; la denominación está sacada de una autorrecopilación de poemas de 1996, de esas que hacía periódicamente y repartía xerografiados entre amistades selectas. De la misma época datan, aunque sí llegaron a publicarse, *Un poema con llanura* (en el programa de festejos veraniegos de mi pueblo,

Socuéllamos, agosto de 1998, pág. 71), y los *Tres poemas con mar*, en *Madrygal. Revista de Estudios Gallegos*, 1 (1998), págs. 136-137, acompañados de versión gallega de Ana Acuña.

Cancionero nuevo se presentó infructuosamente al Premio Blas de Otero de Poesía de la Facultad de Filología de la Universidad Complutense de Madrid, curso 2000-2001, salvo "Antipronominal", localizado posteriormente, y el poema último de la sección, que data fatalmente de 2003. *Galería* procede de 2001, ramillete de poemas muy marcado por mi paso por Estados Unidos, durante el curso 1999-2000 en Sewanee, The University of the South, y circuló en copias impresas entre amigos, aunque "El mantel de mi casa" se publicó en versión gallega de Miguel Louzao y Argimiro Touceda en *Madrygal. Revista de Estudios Gallegos* (2003), 6, págs. 158-159. Los dos primeros poemas de *Love-fiction* aparecieron asimismo en versión gallega de Argimiro Touceda en *Madrygal, idem,* págs. 160-161. *Urbanismo* es una recopilación propia de poemas escritos entre 2003 y 2004, igual que es una autoantología el caso de *Galería*, salvo "Ángel", que encontré revolviendo viejos papales, al recopilar este volumen, pero que consideré que encajaba bien ahí.

Aprovecho para agradecer a Ana Acuña su invitación a las publicaciones varias en *Madrygal*, así como las traducciones de "Tres poemas con mar", y a Argimiro Touceda (y Miguel Louzao) de igual modo sus versiones gallegas de otros poemas aparecidos en la misma revista. Le he tomado prestado como imagen de cubierta a Rafael Segovia Winglet un grabado suyo que me regaló hace tiempo, lo cual le agradezco asesina y léxicamente. Sin la asistencia informática de otro Rafael (Luque Tejada) no hubiera podido recuperar de un dañado disquete los archivos de "Galería" y "Urbanismo", infinitas gracias digitales. Mis agradecimientos también para los primeros relectores de esta recopilación de poemas (que tuvieron sus primeros lectores hace mucho tiempo): gracias, pues, a Eduardo Martínez Rico, por además sus consejos liminares; a Doina Repede, por su aliento recopilador; a Charo Martínez Navarro, por los anda-jaleos sevillanos; al amigo José Manuel Lucía Megías, por su entusiasmo habitual y ponerme en ruta editorial; y a Alfie Herrero de Haro, claro, por llevarme a buen puerto impreso.